글 | **살바도르 마시프(Salvador Macip)** 스페인 바르셀로나 대학에서 의학을 공부한 의사예요. 분자 유전학 및 인간 생리학 박사 학위를 받았어요. 현재 영국의 레스터 대학에서 교수와 연구 그룹 책임자로 일하고 있어요. 연구 과학서뿐만 아니라 소설과 어린이를 위한 과학책 등 약 30권의 책을 출간했어요.

그림 | **에밀리오 우르베루아가(Emilio Urberuaga)** 스페인 국립 일러스트레이션 상을 수상한 세계적으로 유명한 예술가예요. 그의 작품은 여러 나라에서 번역되고 전시되었으며 전 세계의 많은 어린이들의 사랑을 받고 있어요.

옮김 | **윤승진** 한국외국어대학교 스페인어과와 같은 대학 통번역대학원 한서과를 졸업했어요. 현재 한국외국어대학교 통번역대학원 한서과에서 강의 중이며 엔터스코리아 스페인어 전문 번역가로 활동 중이에요.
번역한 책으로는 『생태학이 정말 우리 지구를 지킨다고?』, 『화학이 정말 우리 세상을 바꿨다고?』, 『팔로마의 유쾌한 임신 그림일기』, 『책에서 나온 북깨비』, 『알로하 호오포노포노』, 『노틸러스 구출 작전』, 『브르츠박사의 음모』, 『숲속 금화 전쟁』, 『학교나무』, 『슈퍼우먼 슈퍼 발명가(출간예정)』 등이 있어요.

| 보고 또 보는 과학 그림책 |

세포가 뭐예요?

초판 1쇄 인쇄 2018년 12월 10일 **초판 1쇄 발행** 2018년 12월 18일

글 살바도르 마시프 그림 에밀리오 우르베루아가 옮김 윤승진

펴낸이 이상순 **주간** 서인찬 **편집장** 박윤주 **제작이사** 이상광
편집 한나비, 김한솔, 김현정, 이주미, 이세원 **디자인** 유영준, 이민정 **마케팅홍보** 이병구, 신희용

펴낸곳 (주)도서출판 아름다운사람들 **주소** (413-756) 경기도 파주시 회동길 103
대표전화 031-955-1001 **팩스** 031-955-1083 **이메일** books777@naver.com **홈페이지** www.books114.net

Text copyright © Salvador Macip, 2018
Illustrations copyright © Emilio Urberuaga, 2018
First published in Spain by Editorial Flamboyant S. L. in 2018 under the title En la caja maravillosa
All rights reserved
Korean translation copyright © BeautifulPeople Publishing Co., 2018
Korean translation rights arranged with Editorial Flamboyant S. L. through Orange Agency

이 책의 한국어판 저작권은 오렌지에이전시를 통해 저작권사와 독점 계약한 (주)도서출판 아름다운사람들에 있습니다.
신 저작권법에 의하여 한국 내에서 보호를 받는 저작물이므로 무단전재와 무단복제를 금합니다.

이 도서의 국립중앙도서관 출판예정도서목록(CIP)은 서지정보유통지원시스템 홈페이지(http://seoji.nl.go.kr)와
국가자료공동목록시스템(http://www.nl.go.kr/kolisnet)에서 이용하실 수 있습니다. (CIP제어번호 : CIP2018039535)
KC마크는 이 제품이 공통안전기준에 적합하였음을 의미합니다.

| 보고 또 보는 과학 그림책 |

세포가 뭐예요?

살바도르 마시프 글
에밀리오 우르베루아가 그림
윤승진 옮김

아름다운사람들

알리시아는 세상에 궁금한 게 참 많아요. 무엇이든 알고 싶어 하지요.

"무슨 놀이를 하고 있니?"

아빠가 물었어요.

"질문하기 놀이요."

'질문하기 놀이'는 비 오는 날 집에서 하기에 딱 좋은 놀이랍니다.

"질문하기? 그럼 아빠랑 한번 해 볼까?"

"좋아요."

사실 알리시아는 아빠가 먼저 그렇게 말해 주길 기다리고 있었어요.

"생명이 있는 것과 없는 것을 어떻게 구분해요?"

그러자 아빠가 머리를 긁적이며 말했어요.

"음…… 그건 간단히 대답할 수 없는 질문이구나.
아빠가 설명해 줄 테니 이리 따라와 보렴."

아빠는 알리시아를 서재로 데려갔어요.

아빠의 서재에는 복잡한 그림이 그려진 두꺼운 책들이 많아요. 아빠는 그 책들을 처음부터 끝까지 다 읽었대요. 그래서 모르는 게 없는 척척박사랍니다.

"세상의 모든 것은 아주 작은 부분들로 이루어져 있단다. 사람도 마찬가지란다. 모든 살아 있는 것들을 이루는 작은 부분을 **세포**라고 해. 세포가 무언지 알고 싶지? 그러면 우리 잠깐 여행을 떠나 볼까? 아빠한테 조금 더 가까이 와 보렴."

아빠는 알리시아에게 세포를 보여 주었어요.

"이것들이 세포예요? 왜 이렇게 이상하게 생겼어요? 똑같은 게 하나도 없어요."

"이 세포들은 각자의 생김새뿐 아니라 하는 일도 모두 다르단다."

"이것 봐. 이건 **뉴런**이야. 뉴런은 동물의 뇌에 있는 세포지."

"사람의 뇌에도 있어요?"

"당연하지. 뉴런은 우리가 보고, 듣고, 만지고, 맛본 것, 모두를 뇌에게 알려 준단다. 그리고 어떻게 행동할지 명령을 내려. 그래서 이렇게 긴 팔을 가졌지. 뉴런의 이 긴 팔 덕분에 우리는 기억하고, 생각하고, 움직일 수 있는 거야.

저길 봐! 저기 있는 둥근 세포는 **적혈구**야. 적혈구는 피를 타고 온몸을 돌아다니는 산소 공급차라고 할 수 있단다. 산소를 몸 곳곳으로 보내는 일을 해.

앗, 조심해! 앞에 **근육 세포**가 있어. 근육 세포는 매우 힘이 세지. 저기 근육 세포가 오그라드는 것을 보렴!"

"세포들은 저마다의 비밀을 간직한 신비로운 선물 상자 같단다.
자, 이제 그 상자 안으로 한번 들어가 보자."
"하나, 둘, 셋!"

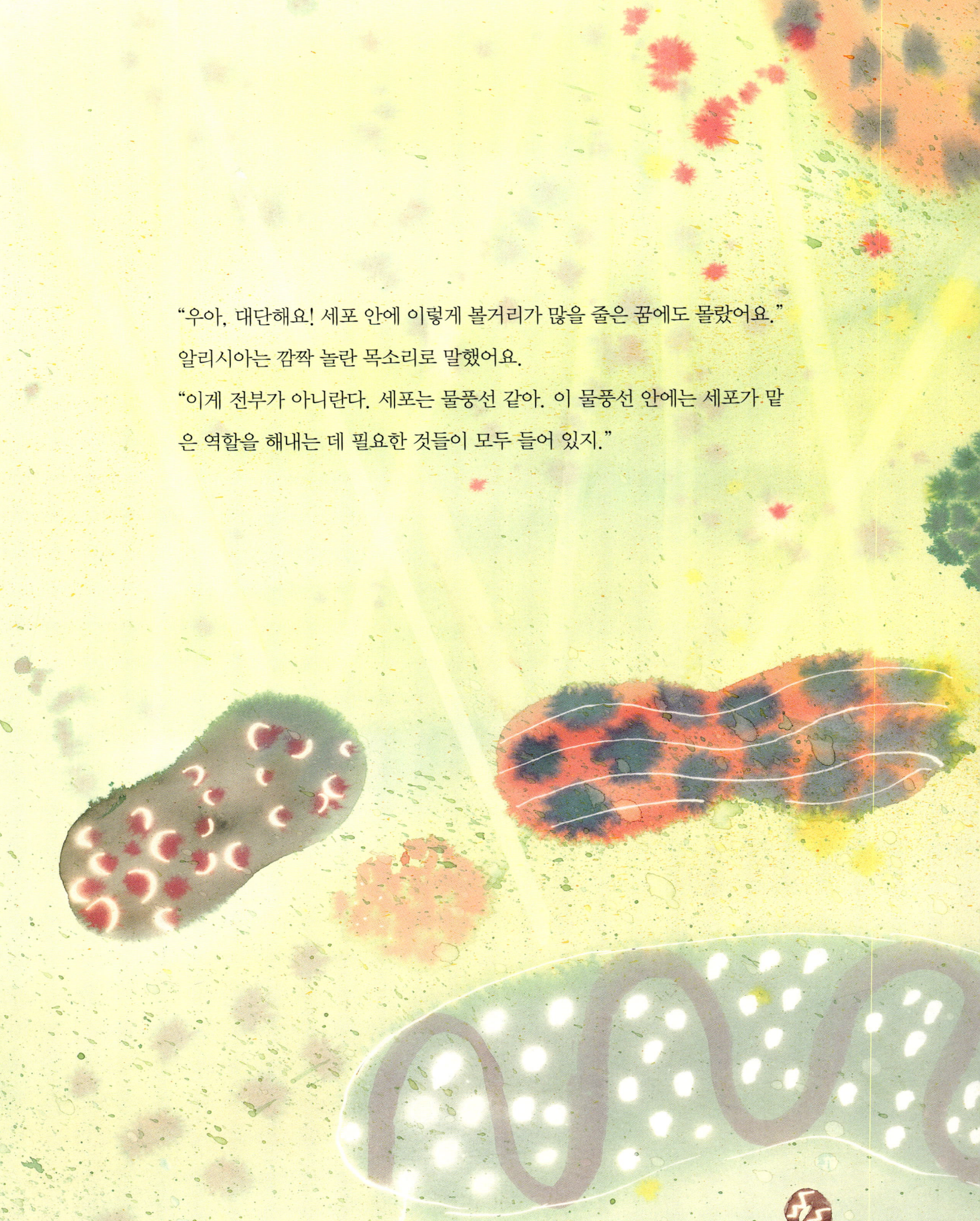

"우아, 대단해요! 세포 안에 이렇게 볼거리가 많을 줄은 꿈에도 몰랐어요."
알리시아는 깜짝 놀란 목소리로 말했어요.
"이게 전부가 아니란다. 세포는 물풍선 같아. 이 물풍선 안에는 세포가 맡은 역할을 해내는 데 필요한 것들이 모두 들어 있지."

"알리시아, 이건 세포 안에 있는 단백질이야. 단백질은 세포를 위해 아주 많은 일을 한단다. 그중에서도 가장 중요한 일은 단백질들이 모두 함께 힘을 모으는 것이란다."

"세포벽에 붙어 있는 단백질들은 다른 세포들과 정보를 주고받아. 그래서 언제, 무엇을 해야 할지를 아는 거란다. 그리고 이 단백질들은 필요 없는 것들을 세포 밖으로 내보내는 일도 해. 우리가 쓰레기통에 쓰레기를 버리는 것처럼 말이야. 버리기만 하냐고? 그렇지 않아. 세포에 필요한 먹거리나 몸에 꼭 필요한 그 밖의 것들을 세포 안으로 들이기도 한단다."

"세포 안에 건전지라도 있어요? 세포는 대체 어디서 그런 힘을 얻는 거예요?"

"그야 당연히 있지. 세포 안에는 **미토콘드리아**라는 엔진이 있어. 미토콘드리아는 우리가 숨 쉴 때 몸 안으로 들어오는 산소와 우리가 먹은 음식을 연료 삼아 에너지를 만든단다. 그리고 그 에너지를 사용해 세포가 일을 할 수 있게 도와준단다. 이런! 조심해, 알리시아!"

"알리시아, 아빠 옆으로 조금 더 가까이 오렴. 길 잃을라……."
"여긴 어디예요? 마치 숲속에 있는 것 같아요."
"세포 골격이야."
"세포에도 뼈가 있어요?"
"그럼! 세포 골격은 세포의 모양을 결정하지. 그리고 때로는 모양을 변하게도 하고 세포가 움직일 수 있게도 한단다. 자세히 보면 세포 골격은 어느 세포에나 다 있다는 걸 알 수 있어."

"와! 눈이 와요."

"알리시아, 이건 눈이 아니란다. 이것들은 **리소좀**, **페르옥시솜**, 그리고 **소포**라고 하는 세포 소기관들이야."

"그럼 그 리소…… 뭐라는 애랑 페르옥…… 뭐라는 애는 무슨 일을 해요?"

"음, 간단하게 말하면 짐을 나르지. 아주 똑똑한 일꾼들이란다."

"알리시아, 조심해! 여기에는 독소를 품은 것들이 있어. 너한테 독이 튀지 않도록 조심해야 해!"

"독소를 품은 것들은 세포에 해롭지 않아요?"

"아니! 필요 없는 것들을 먹어 치워 버리니 오히려 세포에 도움이 돼. 위에서 음식물이 소화되는 것과 비슷하지. 이것은 독소가 바깥으로 새지 않는 비결이기도 하단다."

"세포들이 무슨 일을 하는지 알고 나니 더 마음에 들어요!"
알리시아는 신이 나서 켜켜이 쌓인 납작한 구조물 위를
뛰어다녔어요.
"알리시아, **골지체**가 망가지지 않도록 조심해.
세포는 골지체라고 부르는 이 기관을 통해
가지고 있는 것들을 필요한 곳으로
보내거나 세포 안에 저장한단다."

"아빠, 궁금한 게 생겼어요."

"음, 뭔데?"

"세포에 필요한 단백질 말이에요, 대체 어디에서 만들어져요?"

"바로 여기, 세포 안에서 만들어져. **리보솜**이라는 기계가 단백질을 만들어 내지. 리보솜은 **아미노산**을 연결해서 단백질을 만들어. 단, 단백질을 만들려면 아미노산을 제대로 연결해야 해."

"마치 퍼즐 같아요."

"그래, 비슷하단다."

"이건 뭐예요?"

무엇 때문인지 조금 놀란 목소리로 알리시아가 물었어요.

"**소포체**야. 조금 복잡해 보이지?"

"꼭 복잡한 미로 같아요. 소포체가 세포에서 하는 일이 뭐예요? 세포에 침입하려는 **세균**을 쫓아내기라도 하나요?"

"아니, 세균하고는 전혀 관계가 없어. 아까 봤던 단백질 기억나니? 소포체는 단백질을 만들어서 세포 곳곳에 전달하는 일을 해."

"와! 드디어 출구다!"
알리시아가 기쁨에 들떠 소리쳤어요.
"그런데 문이 닫혀 있네……."
"당연하지. 세포는 출구에 가장 중요한 비밀을 간직하기 때문에 문을 꼭 닫아 놓는단다."
호기심으로 가득 찬 알리시아의 눈이 왕방울만큼 커졌어요.
대체 세포의 비밀이 뭘까요?

"세포핵에 온 걸 환영한다, 알리시아. 겁먹지 말고 어서 들어와! 이제 곧 세포가 감추어 둔 비밀을 알게 될 거야. 네가 지금까지 본 모든 정보가 이곳에 저장되어 있단다."

"저기 꼬여 있는 두 갈래의 실이 보이지? 저게 바로 **DNA**란다. 세포의 기억이 하나도 빠짐없이 보관되어 있지. 세포가 살아 있는 동안 지켜야 할 모든 규칙이 여기 적혀 있어."

"DNA는 무엇을 하나요?"

"정보를 잃어버리지 않도록 저장하는 역할을 해. 규칙 설명서의 일부가 지워졌다고 상상해 보렴. 그럼 세포는 규칙대로 행동하지 못하게 될 테고, 그 결과는 엉망이 되겠지. 그뿐만이 아니야. 세포 안에 있는 다른 기관들처럼 DNA도 손상될 때가 있거든. 그러면 손상된 부분을 단백질이 고쳐 주기도 한단다."

"어라……."

"왜요, 아빠?"

"DNA가 손상될 수도 있다고 한 말 기억나니?"

"그럼요."

"그래. 그런데 가끔 너무 심하게 다쳐서 회복하기 힘들 때도 있단다."

알리시아는 걱정스러운 표정으로 이리저리 둘러보았어요.

"그럼 어떻게 해요?"

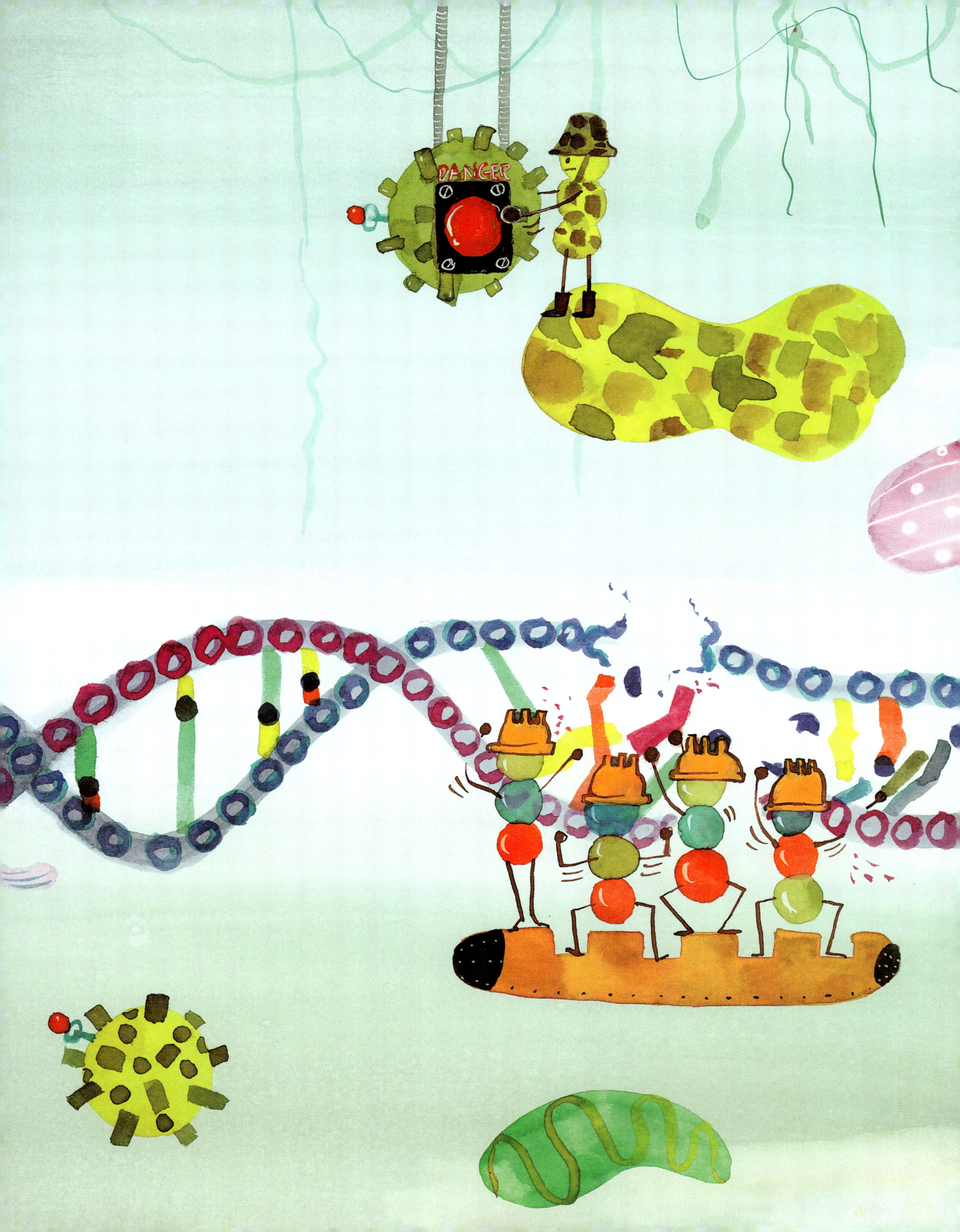

"어서 여기서 나가자. 서둘러!"
갑자기 아빠가 소리쳤어요.

"세포가 폭발한 것 같아요!"

알리시아가 깜짝 놀라 소리쳤어요.

"그렇구나. 세포 안에 심각한 문제가 있을 때 세포는 파괴된단다."

"그럼 세포가 죽은 건가요? 불쌍해요."

알리시아가 풀이 죽은 목소리로 말했어요.

"그렇지 않아. 오히려 세포에게 좋은 일이란다. 세포는 자기 자신보다 다른 세포들에게 좋은 게 무엇인지를 먼저 생각하거든. 자기 할 일을 제대로 하지 못하는 세포는 다른 세포들을 위해서 스스로 사라지는 게 최선의 선택이라고 생각한단다."

"아빠가 늘 쓰레기는 쓰레기통에 버려야 한다고 했지?"
"네."
"세포들도 마찬가지야. 어떤 세포가 망가져 버리면, 세포가 가지고 있던 것들도 세포와 함께 사라지지. 마치 우리가 사는 세상과 같아. 물론 어떤 것들은 버려지지 않고 재활용되기도 하지만 말이야."
"세포들은 정말 깔끔하네요! 괜찮다면 세포들을 데려가서 제 방을 청소해 달라고 하고 싶어요."
기분이 좋아진 알리시아가 말했어요.

"아빠, 이 세포는 풍선처럼 부풀어 오르고 있어요. 이대로 두어도 괜찮을까요?"

"걱정하지 마. 세포는 지금 자기 안에 있는 것들을 모두 복사하느라 계속 커지고 있는 거란다."

"복사한다고요? 왜요?"

"그 이유를 이제 알게 될 거야. 이리 와서 아빠를 좀 도와주렴. 영차! 영차!"

"복사가 끝나면 세포는 둘로 쪼개진단다."
"아, 이제 알겠어요! 복사가 끝나면 이 세포들은 서로 똑같은 단백질, 똑같은 DNA를 갖게 되는 거죠?"
"그렇지. 그런 식으로 사라진 세포를 대체할 새로운 세포가 만들어지는 거지."

"알리시아, 시간이 꽤 많이 흘렀구나. 이제 돌아갈 시간이야."

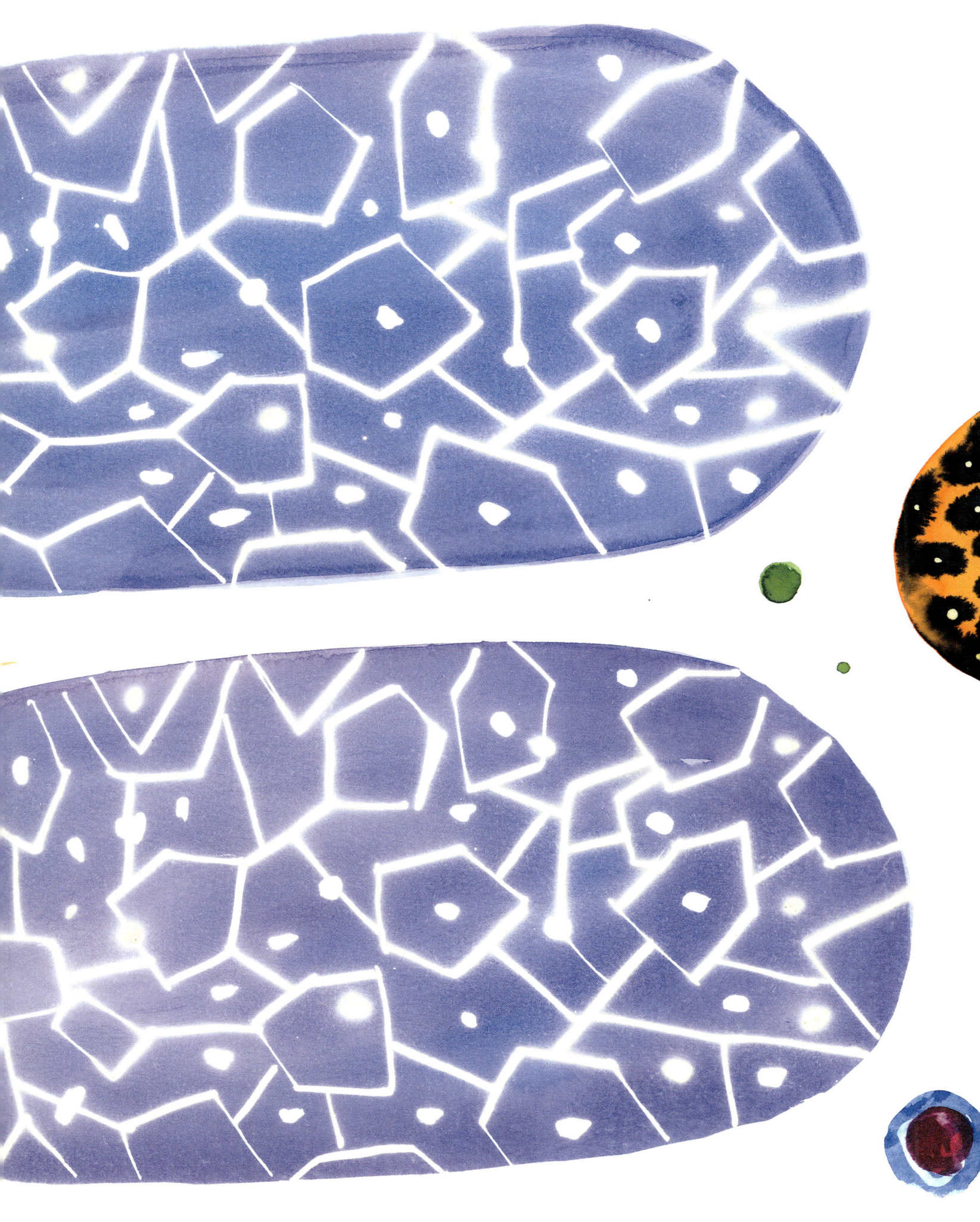

"세포 속으로 떠난 여행이 어땠니?"
"정말 재미있었어요!"
"살아 있는 모든 것들이 오늘 네가 본 세포들로 이루어져 있다고 생각해 봐. 세균 같은 생물은 하나의 세포로 이루어져 있지만, 사람들이나 네가 키우는 햄스터, 나무, 풀, 물고기 같은 생물들은 셀 수 없이 많은 세포들로 이루어져 있단다."
"아! 이제 생명이 있는 것과 없는 것의 차이를 알겠어요. 생명이 있는 것들에게는 세포가 있어요!"

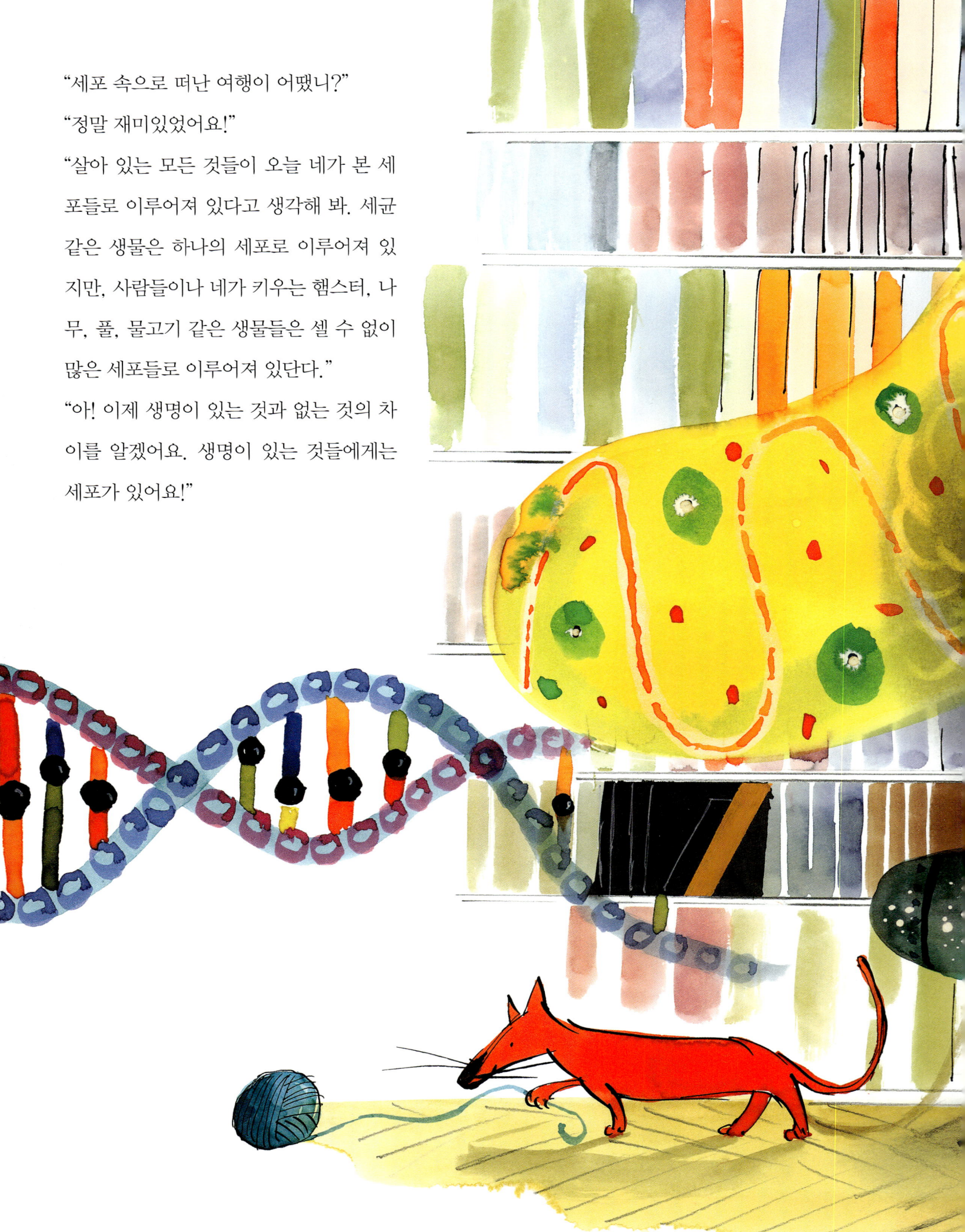

"아빠, 정말 멋진 여행이었어요!"
"아빠도 알리시아 너와 함께 세포를 탐험할 수 있어서 정말 좋았단다. 이번 여행이 네 질문의 답이 되었으면 좋겠구나."
"당연하죠. 그런데 궁금한 게 더 많아졌어요. 누가 세포를 조종해요? 뇌는 어떻게 일을 하죠? 세포들은 어떻게 세균과 싸우나요? 세포들은 자기가 해야 할 일을 어떻게 알 수 있죠?"
"음…… 그 질문들의 답은 다음에 같이 찾아보자꾸나. 알겠지?"

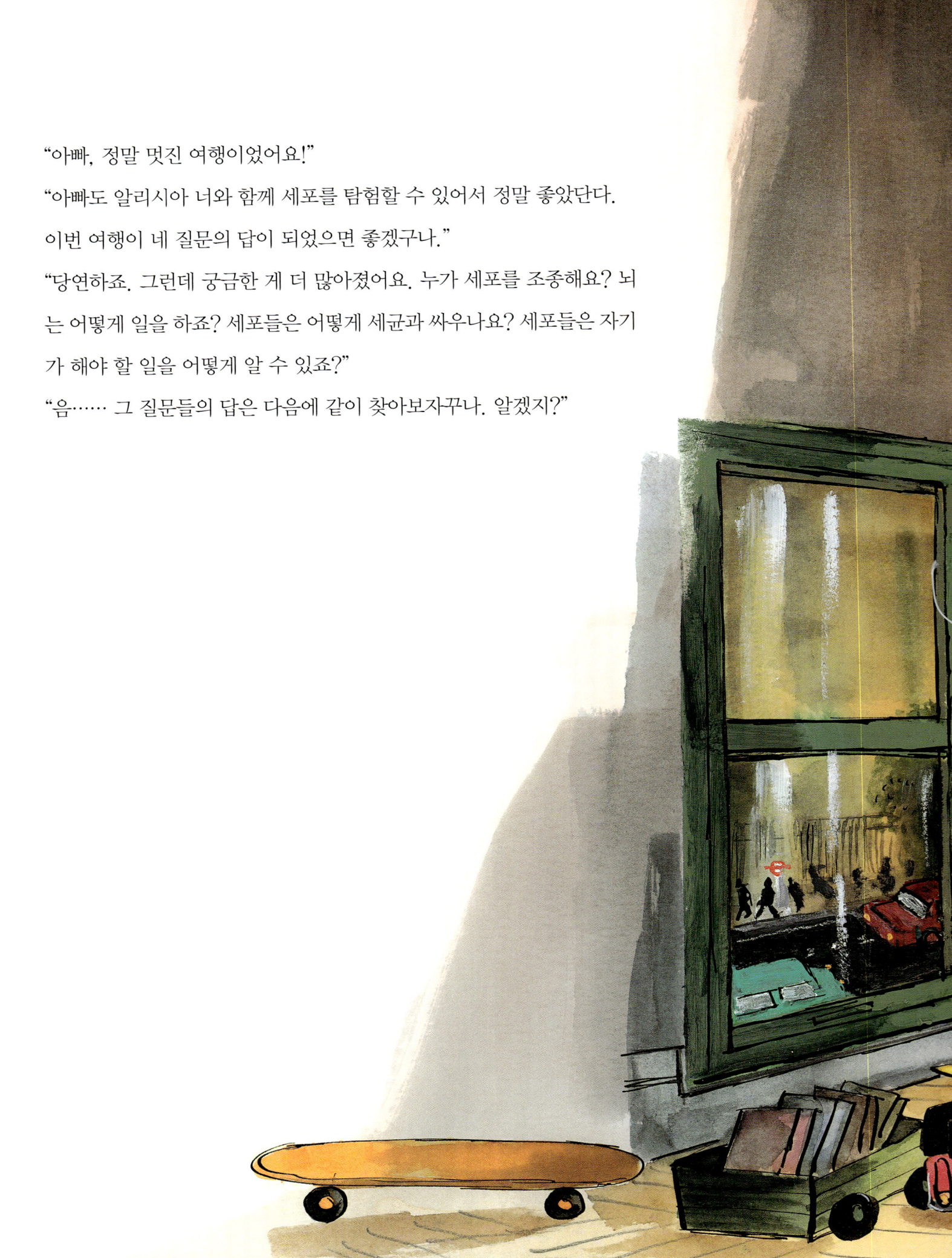

한번 더 살펴봐요!

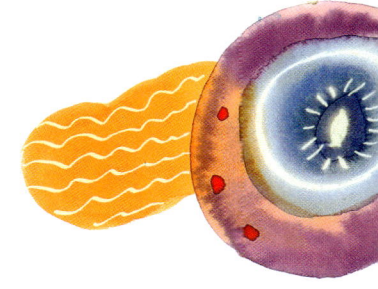

세포

모든 생물은 세포로 이루어져 있어요. 세포의 형태와 종류는 다양하지만 모든 세포는 매우 질서 있게 활동한답니다. 세포는 크기가 매우 작아서 현미경으로만 볼 수 있어요. 사람의 몸에 있는 세포는 무려 30조 개가 넘어요! 100조 개가 넘는다고 주장하는 과학자들도 있어요! 세포는 마치 하나의 물풍선 같아요. 그 안에 세포 소기관들이 떠다니고 있죠. 세포는 스스로 움직이고 매우 많은 일을 할 수 있어요. 자기들끼리 대화도 할 수 있죠. 세포 수가 부족해지면 하나의 세포는 두 개로 나누어져서 부족한 자리를 채운답니다.

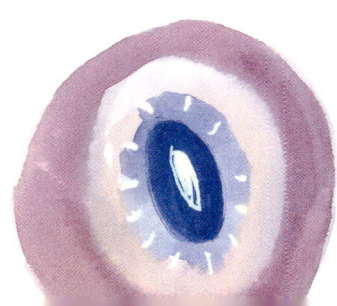

단백질

단백질은 세포의 도구라고 할 수 있어요. 우리 몸을 이루는 세포 안에 얼마나 많은 단백질이 있는지 정확하게 아는 사람은 아직 없어요. 단백질의 크기는 정말 작고 모양도 매우 특이해요. 단백질은 하는 일에 따라 모양도 다 다르죠. 단백질들은 블록 쌓기처럼 서로 결합해요. 단백질들 사이에 난 빈 공간을 다른 단백질이 채워요(아미노산의 연결체라고 해요). 단백질은 리보솜이라는 '공장'에서 합성되어요. 세포는 필요할 때만 단백질을 만들고, 필요가 없어지면 단백질을 파괴해 버려요.

DNA

단백질을 합성하는 데 필요한 정보와 세포가 필요로 하는 모든 정보는 DNA라고 하는 분자에 저장되어요. DNA는 특유의 구조 때문에 컴퓨터의 하드 디스크와 같은 역할을 한답니다. 그래서 엄청나게 많은 정보를 저장할 수 있어요(세포 하나는 약 1.5GB의 정보를 저장할 수 있어요!). DNA는 매우 긴 두 개의 실이 나선 모양으로 꼬여 있는 구조예요. DNA는 세포의 핵 안에 있고, 염색체라고 하는 실타래를 만들어요. DNA에 저장된 정보 조각들을 유전자라고 해요. 생물의 유전자 총체는 게놈이라고 하고요.

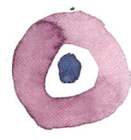
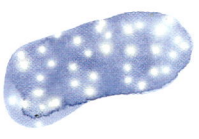

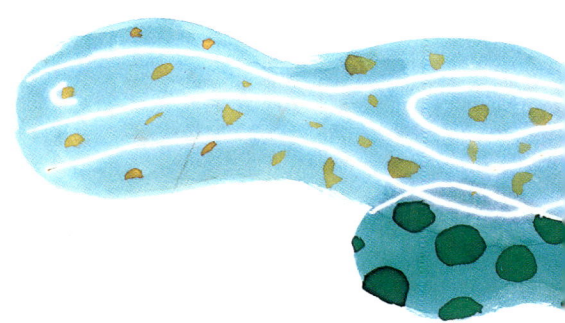

미토콘드리아

세포들은 활동하려면 에너지가 필요하죠. 미토콘드리아라고 불리는 작은 공처럼 생긴 엔진에 에너지가 저장되어 있어요. 각각의 세포는 소모하는 에너지의 양에 따라 그에 필요한 만큼의 미토콘드리아를 가지고 있어요. 예를 들면 비교적 일을 많이 하는 근육 세포는 수천 개의 미토콘드리아를 가지고 있지요. 미토콘드리아가 사용하는 연료는 글루코스라는 당(우리가 먹는 음식에 함유되어 있어요)과 산소랍니다. 여느 엔진과 마찬가지로 미토콘드리아도 찌꺼기를 배출해요(산화제라고 하죠). 세포를 다치지 않게 하려면 이 산화제를 제거해야 한답니다.

아포토시스

세포들은 이기적이지 않아요. 오히려 그 반대죠. 언제나 세포 자신보다 자신이 속한 유기체를 더 걱정한답니다. 그래서 어떤 세포가 망가져서 더 이상 제 기능을 하지 못하면 '자기 파괴'라는 매우 정교한 구조로 움직여서 전체 유기체에 문제가 발생하지 않도록 예방하지요. 필요한 때가 되면 세포는 엄격하게 통제된 방식으로 '파괴'되어요. 다른 세포들은 파괴된 세포의 잔류물을 재사용하기도 해요. 이런 과정을 아포토시스라고 불러요.

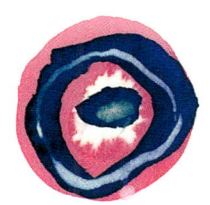